PRESUPESTO MINIMALISTA En Español/ MINIMALIST BUDGET In Spanish

Estrategias simples sobre cómo ahorrar más y ser financieramente seguro.

CHARLIE MASON

Las marcas comerciales que se utilizan no tienen ningún consentimiento, y la publicación de la marca comercial no tiene permiso ni respaldo del propietario de la marca comercial. Todas las marcas comerciales mencionadas en este libro son solo para fines de aclaración y son propiedad de los propios propietarios, no están afiliados a este documento.

TABLA OF CONTENIDOS

Introducción

Este libro contiene pasos y estrategias comprobadas sobre cómo ahorrar más y llegar a ser financieramente seguro. ¿Es usted una de esas personas que no pueden salir de un centro comercial o una tienda en línea sin comprar nada? ¿Se encuentra sin dinero mucho antes de que reciba su próximo cheque de pago? ¿Su presupuesto parece muy estirado y todavía piensa que le faltan muchas cosas? Si respondió afirmativamente a todas estas preguntas y está buscando maneras de hacer que su sueldo dure más, la solución es adoptar el concepto de un presupuesto minimalista. Este concepto lo ayudará a comprender las razones por las que gasta, le proporcionará ideas sobre cómo frenar sus tendencias de compra por impulso y ahorrarle dinero. Le mostrará cuánto puede ser su vida mejor incluso sin gastar mucho dinero. También recibirá consejos sobre cómo ahorrar más y mejorar sus hábitos de gasto. Este libro lo ayudará a tener más control sobre su dinero y sus finanzas y le mostrará los muchos consejos para ahorrar dinero que lo ayudarán a ahorrar más y gastar menos. Si está listo para comenzar a ahorrar, pase a la página siguiente y vea lo que le espera.

CAPÍTULO 1

La Psicología de las Compras

Hay muchas razones por las cuales las personas compran cosas, pero la psicología le dirá que hay 4 comportamientos psicológicos más básicos que lo ayudan a comprender por qué compra lo que compra. Según los psicólogos, estos cuatro factores también predicen las cosas que comprará en el futuro.

Factor # 1 - Satisfacción de las necesidades

Esta es la razón más básica por la que las personas compran cosas, debido a una necesidad que tienen que satisfacer. La mayoría de las cosas que las personas compran, lo hacen porque hay una necesidad intrínseca que tienen que satisfacer. Las necesidades se pueden clasificar como básicas o complejas.

Las necesidades básicas son aquellas que cumplen con los requisitos básicos. Estos están a menudo asociados a necesidades físicas. Las cosas que su cuerpo necesita para funcionar normalmente se llaman necesidades básicas. Ejemplos de necesidades básicas son comida, agua y refugio. Las necesidades complejas son aquellas que satisfacen sus necesidades emocionales, espirituales y otras formas de necesidad no física. Estos pueden incluir tener amigos, pertenecer a un grupo o asumir un pasatiempo que lo relaje. Las necesidades complejas a veces se superponen con las otras necesidades psicológicas por las cuales las personas compran cosas.

Factor # 2 - Atención y percepción

En este factor psicológico en las compras influyen los anunciantes y los equipos de marketing. Estos dos van de la mano porque la percepción a menudo depende de la atención.

El objetivo de un anunciante es llamar la atención de los clientes el tiempo suficiente para que creen una percepción sobre el producto que están vendiendo. La percepción puede ser favorable o no. El objetivo siempre es crear uno favorable para que la gente quiera comprar el producto.

Para captar la atención del comprador, los anunciantes se aseguran de que su anuncio sea llamativo, ingenioso y realmente atractivo. Algunos anunciantes usan efectos especiales, ideas inusuales y trucos solo para que el comprador mire su producto o para que sepa que dicho producto existe.

Una vez que capta la atención del comprador, puede formarse una percepción sobre el tipo de producto que se vende. Si descubre que el producto lo hace sentir bien o satisface sus necesidades, la mayoría de las veces el comprador comprará ese artículo. Si no siente que el artículo no le será de ninguna utilidad o si no le gusta el mensaje que está enviando el anuncio, es probable que el comprador no quiera comprar ese producto.

La mayoría de los anunciantes saben que la percepción puede ser alterada. Es por eso que usan una táctica llamada repetición y distorsión.

La repetición es cuando siguen mostrando el producto en diferentes canales donde es más probable que un comprador lo vea. Estos canales incluyen TV, materiales impresos y en línea. Cuanto más ve una persona estos anuncios repetitivos, más se quedan con los productos en sus mentes. Esto les facilita recordar el mensaje de marketing cuando se enfrentan con este producto en un supermercado, por ejemplo. La familiaridad hace que una persona sea más tentadora para comprarlo.

La distorsión es una forma de manipulación de la percepción de la persona para hacer que el producto sea más favorable a los ojos del comprador. Un buen ejemplo de distorsión es hacer que algo que a menudo se percibe como algo malo, se vea bien. Un arma, por ejemplo, es algo que las personas asociarían con la muerte o como algo que puede dañar a las personas. Pero los fabricantes de armas lo comercializarían como una forma de protección o algo que pueda mantener a salvo a las personas que ama.

Factor #3 – Conocimientos y condicionamiento

Para comprar un producto, la mayoría de las personas investigará sobre ese producto en particular. Esto es cierto para los artículos que la persona nunca ha usado antes o los artículos que son caros. Una persona promedio descubrirá todo lo que pueda sobre el producto antes de realizar esa compra. Algunas personas están influenciadas por el conocimiento sobre el producto tal como lo proporcionan otras personas. Si el conocimiento sobre el producto no es bueno, el trabajo de un anunciante es condicionar a la persona para que cambie su percepción presentándole un conjunto diferente de conocimientos que le resultará atractivo antes de que pueda convencerse de comprar el producto. El conocimiento y los aprendizajes de la experiencia de otras personas también influyen en la forma en que las personas compran cosas. Esta es la razón por la cual las personas recurren a reseñas, descripción de productos, muestras y promociones antes de comprar lo que dicen los anunciantes. Las revisiones muestran al comprador un encuentro real con el producto sin comprarlo.

Factor #4 – Creencias, culturas y actitudes

Un factor importante en la psicología de las compras es el conjunto de creencias, culturas y actitudes de una persona. Se puede influir en una persona para que compre algo porque es algo que ha sido inculcado en su sistema incluso antes de haber formado su percepción sobre un producto en particular. Es algo que se ha convertido en un hábito y una cosa permanente en la vida de una persona. Un buen ejemplo de esto es cuando una persona no compra carne de cerdo porque su creencia dicta que es un animal asociado con un carroñero que come tierra y lodo. A las personas con esta creencia se les enseña desde el principio de su vida que el cerdo está sucio, por lo que lo evitan a toda costa.

Estos son solo algunos de los factores psicológicos más comunes que pueden explicar por qué las personas compran o no compran un artículo en particular. Hay más razones que a menudo son mucho más complejas que estas cuatro. Estas son a menudo combinaciones de estos cuatro influenciadores básicos.

CAPITULO 2

Cómo ignorar anuncios

Los anuncios se crean principalmente para darles a los clientes una idea de qué productos están disponibles en el mercado y para atraerlos a comprarlos. Se muestran en la televisión, en materiales impresos y en Internet. Las grandes compañías pagan el mejor precio para obtener el mejor horario en la televisión o el mejor lugar para la cartelera publicitaria en las carreteras más transitadas. También invierten enormes cantidades de dinero en equipos de marketing y creativos para adelantarse a la competencia. A menos que viva debajo de una roca, no puede escapar de la publicidad. Proviene de tantos canales diferentes que es difícil bloquearlos por completo. Pero hay una manera de ignorarlos. Aquí se detallan algunas de las formas más efectivas:

1. Disminuya su exposición: la televisión e Internet son algunos de los lugares más comunes donde prospera la publicidad. Disminuya su exposición a estos canales y a los anuncios. Cuando mira televisión, por ejemplo, puede intentar ponerse de pie y hacer otras cosas durante las pausas comerciales en lugar de quedarse sentado viéndolos sin pensar. Ver comerciales hace que los productos sean repetitivos y fáciles de recordar para que sea más susceptible a las compras impulsivas.

2. Puede usar pausas comerciales para ir al baño, hacer sentadillas, hablar con la persona que está sentada al lado o consultar su correo electrónico. Silencie el televisor mientras los comerciales están encendidos para asegurarse de que no escuche nada.

3. Software de bloqueo de anuncios: si debe usar Internet (como casi todo el mundo lo hace), puede encontrar un buen software de bloqueo de anuncios que pueda filtrar anuncios para que no tenga que verlos o verlos con tanta frecuencia. Estos bloqueadores de anuncios a menudo tienen un precio. Elija uno que se ajuste a sus necesidades y su presupuesto.

4. Utilice los servicios de suscripción: algunos servicios de suscripción, como Netflix, le permiten ver televisión sin comerciales que lo interrumpan cada 10 segundos. Deberá pagar estos servicios mensualmente, pero puede estar seguro de que no necesita ver un anuncio mientras disfruta de su programa.

5. Aumente su conocimiento: cuanto más sepa sobre un producto, menos probable será que reconozca las promociones y los trucos que muestran otros anuncios. Puede ignorar un anuncio mejor si conoce un producto por dentro y por fuera. Conocer las características ocultas de sus productos favoritos lo hace menos susceptible a comprar un nuevo producto solo porque tiene las palabras NUEVO y MEJORADO estampadas frente a su empaque.

6. Evite comprar de escaparates: para algunos, esto puede ser difícil de hacer. Pero evitar el centro comercial o la tienda en línea es una de las mejores formas de ignorar los anuncios. En lugar de mirar escaparates, use su tiempo para actividades más productivas pero igualmente agradables. Escriba en su diario, salga a trotar, lea un libro o tome un nuevo pasatiempo.

7. Aprenda a estar contento con lo que tiene: una de las razones por las que funcionan los anuncios es que siempre intentan convencer a los clientes de que necesitan ese producto en particular en su vida para vivir mejor. Pero

cuando una persona está contenta con lo que tiene, se vuelve menos propenso a comprar ese producto. Si su teléfono aún funciona y cumple su propósito, por ejemplo, y está satisfecho con su rendimiento, no pensará en reemplazarlo tan pronto como salga el nuevo modelo. No querrá tanto las nuevas funciones porque estás satisfecho con tu teléfono.

8. Esté alerta: tenga cuidado con los anuncios que ofrecen curas milagrosas y afirmaciones increíbles. Estos anuncios a menudo se presentan en forma de infomerciales. Aunque sus afirmaciones bordean lo imposible, toda la información, los resultados de la investigación, la opinión de expertos y los testimonios que ponen en sus infomerciales, convencen a los consumidores de la efectividad de sus productos. Tenga cuidado con estas tácticas y no se deje engañar inmediatamente por estos anuncios falsos.

9. Deshágase de la tentación: no acepte volantes entregados en los centros comerciales, elimine el correo basura y no se suscriba a boletines minoristas o alertas de texto. Estos le brindan más información sobre nuevos productos en los que puede gastar. Cuanto menos sepa, menos comprará nada. Además, si realmente necesita algo, definitivamente saldrá a buscarlo. No tiene que ceder el paso a los vendedores cuando le dicen que necesita sus productos.

Puede resultarle difícil hacer estas cosas al principio, especialmente si sus hábitos incluyen las actividades que debe evitar, es decir, mirar televisión sin pensar. Pero con práctica y una buena cantidad de fuerza de voluntad, puede convertirse en un experto en ignorar los anuncios. Siga practicando y pronto será automático que ya no se de cuenta de que lo está haciendo.

CAPÍTULO 3

Cómo superar los hábitos de gasto compulsivo

El gasto compulsivo, tal como lo definen muchos expertos en psicología, es un comportamiento humano en el que una persona dedicaría una gran cantidad de tiempo y esfuerzo a comprar cosas hasta el punto de dañar o deteriorar su vida y sus relaciones.

Esta forma de gasto se considera un problema psicológico que a menudo requiere intervención y ayuda de terapeutas calificados. A veces se considera como una forma de adicción porque una persona experimenta un efecto natural cada vez que adquiere un artículo. Esto puede ser adictivo hasta el punto de que una persona pierda dinero y propiedad y rompa relaciones.

El efecto más común de las compras compulsivas para algunos es el sentimiento de felicidad. Los que gastan compulsivamente se sienten felices cada vez que compran algo. Pero se arrepienten instantáneamente porque generalmente conduce a una deuda profunda. Tienden a comprar cosas cuando están deprimidos o tristes para hacerlos felices. Sus hábitos de compra se descontrolan y, a veces, generan desacuerdos y discordias entre ellos y las personas que aman. Las grietas comienzan a formarse hasta que las familias se separan debido a esta adicción.

Para ayudarlo a superar sus hábitos de gasto compulsivo, estas son algunas de las formas más efectivas.

Corte sus tarjetas de crédito: algunas personas no ven las tarjetas de crédito como dañinas porque no ven el intercambio de dinero real entre ellas y la tienda minorista. Esto te da la ilusión de que realmente no estás gastando dinero. Te vuelves más seguro al gastar porque ves que todavía tienes un saldo en tu cuenta bancaria. Pero cuando llegue la factura, se dará cuenta de que tiene más compras que dinero en el banco.

La mejor manera de asegurarse de no gastar innecesariamente es saber a dónde va su dinero. Es mejor que gaste usando efectivo. Cuando vea que su dinero disminuye, será menos probable que siga comprando.

Traiga cantidades exactas: ya sabe cuánto cuestan los boletos de autobús. Su dinero para el almuerzo o el mercado del día, también debe estar presupuestado para que conozca su límite. Traiga solo esa cantidad de dinero por el día para que no se sienta tentado a comprar algo mientras va por el centro comercial.

Si tiene miedo de que surja alguna emergencia, puede traer suficiente para llegar a casa, pero asegúrese de que no esté en el mismo bolsillo o billetera del dinero que gasta, para que no lo gaste "accidentalmente". Úselo solo para emergencias reales.

Rastree las cosas que compre: cuando hace esto, es menos probable que compre cosas duplicadas. También le ayuda a ser más consciente de sus gastos. El seguimiento de estos lo ayudará a comprender a dónde va su dinero. Haga una lista utilizando una aplicación o la función de nota de su teléfono para que sea más fácil.

spere antes de comprar: compre un artículo solo después de esperar un tiempo. Alrededor de 30 a 60 minutos es una buena cantidad de tiempo para esperar. Cuando ve un artículo que realmente quiere comprar, su cuerpo se emociona y la lógica a menudo se va. Cálmese y aléjese de ese objeto. Si, después de un tiempo, aún no puede olvidar ese artículo o siente que todavía lo necesita, ese es el momento de comprar. Lo más probable es que, una vez que se haya ido, regrese la lógica y se dé cuenta de que no necesita otra camisa rosa porque ya tiene 10 en casa.

Use una lista y cúmplala: el supermercado es una trampa principal para las compras impulsivas. Con tantos artículos compitiendo por su atención, es muy difícil no ceder y sacarlos de los estantes y ponerlos en su carrito. Pero si tiene una lista y conoce los lugares exactos para encontrar los artículos, es menos probable que pasee por un pasillo donde no están los artículos que busca.

Obtenga la ayuda de un amigo: encuentre personas cuya fuerza de voluntad sea más fuerte que la suya y tráigalos cuando planee comprar. Le ayudarán a recordar su política de no comprar. Solo asegúrese de hacerles caso de lo contrario, es inútil llevarlos si va a ignorar sus consejos.

Haga algo más cada vez que quiera ir de compras: salga a caminar, haga ejercicio, continúe su pasatiempo o duerma. Manténgase ocupado para no pensar en comprar.

La clave para superar sus gastos compulsivos es el autocontrol y la autoconciencia. Una vez que tenga control sobre sus impulsos y pueda canalizarlos hacia mejores actividades, es menos probable que ceda ante la terapia de compras compulsivas.

CAPÍTULO 4

Aumente su autoconfianza con el presupuesto

El presupuesto es una práctica antigua en la que las personas asignan fondos para cosas que necesitan comprar o ahorrar. Las personas que presupuestan su dinero planearían cómo se gasta para que se atiendan todas las facturas y se satisfagan las necesidades. Es aquí donde tiene en cuenta sus ingresos y los compara con las cosas que necesita para vivir una vida cómoda. Para algunas personas, el presupuesto es difícil, especialmente cuando sus medios o fuentes de ingresos son limitados. Pero con un presupuesto minimalista, siempre es posible establecer uno sin importar cuán pequeños sean sus ingresos.

¿Qué es un presupuesto minimalista?

Un minimalista, poco definido, es alguien que usa solo unos pocos artículos en su vida y no siente la necesidad de llenarlo con cosas materiales. Verás minimalistas que a veces viven con menos de 100 artículos y aún así se sienten felices a pesar de no tener lo que otros consideran un lujo en la vida. Un presupuesto minimalista es algo similar. Las personas que son expertas en este tipo de presupuesto son en su mayoría minimalistas por naturaleza. Mantienen las cosas simples para que no tengan que gastar tanto. Valoran la calidad sobre la cantidad, por lo que sus posesiones materiales duran más que la mayoría de los artículos en el armario de una persona normal. Son más exigentes y están más preocupados por la durabilidad y la longevidad que por la popularidad y la estética.

Los presupuestos minimalistas no siempre significan que tiene que gastar menos. La mayoría de los artículos que los minimalistas compran son de alta calidad, por lo que a veces puede ser más costoso al principio, pero también valdrá la pena al final. Comprar un producto de alta calidad significa que no tienen que seguir reemplazando el producto durante mucho tiempo, ya que es más duradero y duradero.

Mejore su confianza en sí mismo al presupuestar con estos consejos

Para crear realmente un presupuesto minimalista y mejorar su autoconfianza con el presupuesto, puede probar estas ideas simples. Esto le ayudará a administrar sus gastos sin hacerle sentir que está perdiendo. Estos también lo ayudarán a hacer la transición a un presupuesto minimalista totalmente comprometido:

1. Averigüe a dónde va su dinero: lo primero que debe hacer es anotar sus gastos. Listar sus gastos lo ayudará a identificar sus trampas de gasto. ¿Es ropa? ¿Es demasiado caro el café de su cafetería local? Una vez que descubra dónde están sus trampas de dinero, podrá evitarlas conscientemente. Si debe tener un presupuesto para estos gastos, puede poner un límite a la cantidad que gasta.

2. Asigne cantidades a artículos más importantes primero: enumere las cosas que deben pagarse y cuándo vencen. Reserve el dinero para esos gastos tan pronto como obtenga sus ingresos. Asegúrese de no tocar ese dinero para otras cosas.

3. Algunas personas usan el método del sobre donde ponen el dinero en diferentes sobres. Cuando llega el momento de pagar esos gastos, simplemente sacan ese sobre en particular mientras el resto permanece intacto.

4. Busque la ayuda de todos en su hogar: si usted es el único que hace el presupuesto mientras que el resto de su familia son derrochadores, terminará frustrado y resentido con todos los que lo rodean. Crear un presupuesto minimalista implica los aportes y la cooperación de las personas que lo rodean. Debe hacer que comprendan el motivo de su presupuesto para que no se sientan privados.

5. Compare marcas y ofertas: cuando compre artículos de gran valor, no se limite a la primera oportunidad u oferta que se le presente. Descubra las mejores ofertas disponibles antes de lanzarse. Consulte también el plan de pago para que no le sorprenda la cantidad que necesita para pagar la cuota o el saldo.

6. Al comprar automóviles, por ejemplo, debe averiguar cuánto tiempo duran las garantías, cuáles son las inclusiones al momento de la compra y otros detalles importantes. Considere los pagos mensuales a su presupuesto y vea si necesita hacer recortes para que funcione. No solo compre porque los pagos iniciales son bajos. Podría terminar pagando más en cuotas mensuales.

7. Asigne una cantidad para ahorrar: tener un huevo de ahorros que nunca toca es algo que puede brindarle una sensación de seguridad. Es importante presupuestar los ahorros para que cuando llegue un día lluvioso o cuando enfrente situaciones difíciles que requieran efectivo, esté cubierto. La regla general es asignar el 20% de sus ingresos a los ahorros, pero puede agregar más si puede.

8. Sepa lo que está disponible: algunas personas van de compras para comprar algo solo para descubrir que ya lo tienen en casa. Terminan teniendo mucho de los mismos productos. Cuando sabe lo que tiene y lo que no tiene, no

es probable que vaya de compras solo porque no puede encontrarlo.

9. Presupuesto para imprevistos: las emergencias o imprevistos pueden incluir averías en el automóvil y enfermedad o discapacidad. Estas instancias a menudo no están bajo su control, pero afectarán su vida en gran medida. Incluya estos elementos en su presupuesto para que sus ingresos o sus ahorros no se vean afectados en caso de que se produzcan tales casos.

Presupuestar se hace más fácil cuanto más lo practica. Acostúmbrese a presupuestar en lugar de ir de compras sin un plan. Los presupuestos pueden parecer limitantes para algunos, pero cuando se acostumbre, verá que siempre es más económico que comprar sin pensar. Con suficiente práctica, puede confiar en sus habilidades de presupuesto y eventualmente frenar sus tendencias de gasto sin sentido.

CAPÍTULO 5

Mejore sus hábitos de gastos

Ahora que sabe cómo presupuestar, es hora de concentrarse en sus hábitos de gasto. Estos hábitos son las cosas que definen cómo usa su dinero. Los malos hábitos de gasto se caracterizan por la compra por impulso, el arrepentimiento de los compradores y el aumento de la deuda. Los buenos hábitos de gasto, por otro lado, lo ayudan a salir de la deuda, le dan libertad financiera y lo hacen sentir seguro en su futuro.

Para mejorar sus hábitos de gasto, necesita saber qué los está desencadenando. Algunas personas, gastan más cuando se sienten tristes o deprimidos. Otros tienen ganas de gastar cuando son felices. Nuevamente, ese factor de ánimo viene a la mente. Este no es el camino correcto.

Comprar cuando está deprimido, triste o sintiéndose emocional, le facilitará gastar más. Su mente razonará que tuvo un día muy malo y que necesita algo nuevo para mantenerse feliz. Esto es solo felicidad temporal. Se sentirá bien cuando compre, pero pronto sentirá remordimiento, especialmente cuando se dé cuenta de que no puede pagar ese artículo. También sentirá que se está ahogando en deudas, lo que continuará el ciclo de depresión aún más.

Cuando se sienta triste, debe evitar ir a centros comerciales o lugares donde probablemente gastará dinero. Realice actividades que le distraigan de su tristeza. Cosas como jugar con mascotas en el parque, leer un buen libro o escribir en su diario lo ocuparán y lo distraerán de su tristeza. Estas actividades tampoco son tan caras. También puede intentar hacer algo productivo. Canalice su tristeza hacia el arte y la música y cree canciones u obras de arte. Podrá liberar su tristeza y crear algo hermoso al mismo tiempo.

Otro desencadenante del gasto es la felicidad. Obtener esa bonificación en su empleo por un trabajo bien hecho, puede hacerlo sentir como un millonario. Por lo general, esto le da ganas de consentirse y gastar toneladas de dinero para celebrar su éxito. Si bien no hay nada de malo en celebrar los logros, también es importante tener en cuenta que gastar demasiado agotará sus fondos o bonos, por lo que volverá a vivir de un sueldo a otro. No cometa el error de usar todo su dinero de una vez. Asignarlos a los canales correctos, es decir, ahorros, gastos y otras cosas importantes antes de usarlo para celebrar.

Cuando recibe una ganancia inesperada, lo mejor que puede hacer para frenar el gasto es retroceder y simplemente respirar. El efecto natural que siente al recibir el dinero desaparecerá eventualmente y se sentirá más en control de sus hábitos de gasto. Obtendrá una perspectiva más razonable una vez que la emoción inicial haya desaparecido y será menos probable que gaste.

El mejor momento para ir de compras es cuando no siente muchas emociones tumultuosas y extremas que pueden influir en sus hábitos de gasto. Compre solo cuando se sienta equilibrado. La mayoría de las personas también sugieren comprar después de haber comido porque cuando tiene hambre, es más probable que gaste en cosas para enmascarar la sensación de hambre.
 Otra forma de mejorar sus hábitos de gasto es tomar conciencia de usted mismo. Debe conocer la causa subyacente por la que está gastando más de lo necesario. Cuando conoce las razones por las cuales puede evitar estas causas, nunca sentirá la necesidad de gastar más.

CAPÍTULO 6

Estrategia de ahorro para salir de la deuda

La deuda es algo que todos experimentamos en algún momento de la vida. Si tiene muchas deudas debido a sus gastos y siente que nunca estará libre de deudas, no se desespere. Todavía hay una manera de salir de eso. Para ayudar a salir de la deuda, debe tener la actitud correcta al gastar y ahorrar.

Cuando la actitud de una persona sobre el gasto es sólida, puede controlarlo mejor y alejarse de la tentación de comprar. La persona sin la actitud correcta hacia el gasto, como aquel que lo ve como algo a lo que tiene derecho, le resultará muy difícil evitar comprar incluso si ya no tiene dinero.

Ahorrar es una de las mejores formas de salir de la deuda. Pero, ¿cómo usan las personas los ahorros para hacer esto? ¿No se supone que debe pagar todo con el dinero que tiene en lugar de guardarlo como ahorro? Así es como se hace.

Los ahorros, definidos libremente, son una cantidad de dinero que usted guarda para usar en los días lluviosos. Cuando sus ahorros son mayores que su deuda, se siente más seguro sobre su futuro. Para utilizar los ahorros para salir de la deuda, deberá guardar diligentemente la misma cantidad o una cantidad mayor de dinero regularmente.

 Por ejemplo, si gana $1,000 al mes y tiene una deuda de $60,000. De sus ingresos mensuales, asigne la cantidad mensual de sus cuotas regulares para pagar esa deuda. Al mismo tiempo, reserve una cantidad de dinero para ahorrar. Una vez que haya acumulado suficiente dinero como ahorros, digamos $10,000, puede aprovechar esos ahorros pagando una gran parte de su deuda. Pagar esa cantidad disminuirá las tasas de interés porque el monto del principal se ha reducido aún más.

 Si bien la acumulación de ahorros no siempre es la forma más fácil de salir de la deuda, especialmente si tiene muchos gastos, sigue siendo una de las formas más efectivas. Debería intentar ahorrar cualquier cantidad de dinero para usarlo más adelante para realizar un pago de la suma global de su deuda. Aplique esa suma global a los montos de capital y pronto sus deudas disminuirán sustancialmente y estará libre de ellas antes de lo esperado.

CAPÍTULO 7

Guía de administración de dinero

Administrar su dinero es el proceso de rastrear, presupuestar, ahorrar e invertir su dinero. Es el proceso que describe lo que hace con el dinero que gana para hacerlo crecer y obtener mayores rendimientos. Para algunas personas, administrar el dinero es muy fácil. Estas personas generalmente tienen un muy buen conocimiento sobre el mundo financiero. Para otros, la administración del dinero podría ser un idioma extranjero que necesita ser descifrado usando el Rosetta Stone.

Para administrar el dinero de manera efectiva, una de las cosas que debe hacer es abrazar la vida frugalmente. Vivir frugalmente significa que no vive más allá de sus posibilidades. Solo gasta en artículos de primera necesidad y no se entrega a lujos con demasiada frecuencia. No desperdicia dinero en necesidades no esenciales. Para hacer esto, debe distinguir qué elementos son deseos y cuáles son necesidades. Gaste dinero solo en las cosas que necesita y olvídese de los extras.

Otra forma de administrar su dinero es planificando sus gastos. Cree una tabla o un cronograma que le indique de inmediato los gastos que debe pagar y cuándo vencen. Esto asegura que nunca perderá un pago e incurrirá en multas tardías en el proceso. Un planificador de gastos también le permite ver a dónde va realmente su dinero y qué gastos realmente están consumiendo una gran parte de su efectivo.

Los administradores expertos de dinero no compran un café de 5 dólares cuando puede preparar su propio café en casa por menos de un dólar por una taza pequeña. Esta es otra forma de administrar su dinero. Sea lo suficientemente inteligente como para saber cuándo puede ahorrar. Los administradores de dinero saben cómo identificar las partes de sus gastos que pueden prescindir y reducirlos de manera efectiva. Esto se traduce en mayores ahorros. Administre su dinero con inversiones sólidas. Puede parecer más fácil decirlo que hacerlo, pero es una de las mejores y más efectivas formas de hacer crecer y administrar su dinero. Cuando invierte su dinero, no lo está dejando en el banco sin hacer nada. En realidad, está utilizando su dinero para financiar proyectos que generarán dividendos y ganancias para usted. Una empresa exitosa le permitirá obtener ingresos adicionales en forma de tasas de interés sobre sus fondos.

CAPÍTULO 8

Sentirse financieramente seguro todos los días

Sentirse financieramente seguro todos los días significa que no tiene que preocuparse por sus finanzas futuras. No muchas personas pueden decir que están seguras financieramente porque no sienten que han hecho lo suficiente para asegurar un futuro cómodo. Pero el hecho de que no se sientan así ahora, no significa que nunca lo estará. Aquí hay algunas maneras de disminuir sus preocupaciones de seguridad financiera hoy y en el futuro:

1. Cree una cuenta de ahorros sólida: saber que tiene algo escondido para usar en caso de emergencias le brinda una sensación de seguridad financiera como ninguna otra. Con una gran cuenta de ahorros, no sentirá que terminará sin dinero cuando envejezca y no pueda trabajar para ganarse la vida.

2. Compre un seguro: una póliza de seguro es otra red de seguridad que lo protege en caso de grandes pérdidas de dinero. Algunas pólizas de seguro que puede comprar incluyen póliza de vida, póliza de discapacidad y jubilación.

3. Invierta sabiamente: las personas con seguridad financiera no solo se sienten felices de tener una gran cuenta de ahorros. Se sienten más seguros cuando saben que han invertido su dinero en lugares que producen mayores recompensas. Invierten en cosas que han demostrado ser generadores de dinero.

4. Organícese y viva de forma minimalista: las personas con tantas cosas se preocupan por el mantenimiento de sus

posesiones materiales. Esto les impide sentir que tienen el control de sus gastos. Para asegurarse de que no gasta demasiado, debe soltar los elementos no esenciales y vivir solo con las cosas necesarias. Cuando tenga menos posesiones materiales de las que preocuparse, se sentirá más seguro sobre su futuro.

5. Ahorre sin importar la pequeña cantidad que pueda: poner algo en su cuenta de ahorros, sin importar cuán pequeña sea esa cantidad, seguirá contribuyendo a su seguridad financiera. Acostúmbrese a poner algo en sus ahorros.

Conclusión:

Espero que este libro pueda ayudarlo a comprender las razones por las que gasta, brindarle ideas sobre cómo frenar sus tendencias impulsivas de compra y ahorrarle dinero. Recuerde, hay pasos que puede hacer hoy para asegurarse de que no tendrá que preocuparse por si tendrá o no suficiente dinero durante sus años de ocaso. Solo se necesita cierta disciplina para ahorrar más y mucha moderación cuando se trata de gastar. Finalmente, si encuentra este libro útil de alguna manera, ¡siempre apreciamos una reseña en Amazon!

www.ingramcontent.com/pod-product-compliance
Lightning Source LLC
Chambersburg PA
CBHW030602220526
45463CB00007B/3143